8·L4
2590 K

FERNAND NŒTINGER

UN REFUGE

DANS

LES ALPES-MARITIMES

NICE
IMPRIMERIE VICTOR-EUGÈNE GAUTHIER & C°
27, Avenue de la Gare, 27

1889

UN REFUGE

DANS

LES ALPES-MARITIMES

FERNAND NŒTINGER

UN REFUGE

DANS

LES ALPES-MARITIMES

NICE
IMPRIMERIE VICTOR-EUGÈNE GAUTHIER & Cᵒ
27, Avenue de la Gare, 27

1889

UN REFUGE

DANS LES ALPES-MARITIMES

Le 15 Septembre 1888, me trouvant encore à Saint-Martin-Lantosque, je recevais la nouvelle que le refuge dont notre Section avait décidé l'établissement au fond de la vallée de la Gordolasque, venait d'être terminé.

Il s'agissait de s'y rendre avant l'apparition des neiges pour reconnaître et recevoir les travaux.

Je formai donc une petite caravane composée de mes deux jeunes camarades Alfred et René Rumpelmayer et de deux guides, Augustin Ciaïs et Michel Nafta.

Le 21, à quatre heures du soir, nous nous mettions en route pour la Madone des Fenêtres où nous devions passer la nuit.

Le chemin de Saint-Martin au Sanctuaire est trop connu pour que je m'attarde à le décrire une fois de plus. Qu'il me suffise de noter la rencontre que nous y fîmes de deux excellentes alpinistes, Mmes Ganzin et Benoist.

Nous eûmes ensuite, à notre arrivée à l'hôtellerie de la Madone, le plaisir de souper avec M. Benoist qui venait de tenter vainement d'arriver au Gelas ; l'individu qui lui servait de guide, ne possédant aucune des qualités nécessaires pour remplir convenablement les fonctions qu'il s'était attribuées, avait laissé M. Benoist se débattre au milieu du brouillard, dans une région qu'il ne connaissait pas et que son « cicerone » ne connaissait guère davantage. Une telle mésaventure n'aurait pu se produire si M. Benoist avait demandé au sieur G... de produire le livret dont les guides de la Section se trouvent munis. L'individu en question n'eût pas pu présenter cette justification, par la raison que j'avais refusé, lors de la constitution de la Compagnie des guides, de le comprendre au nombre de ceux qui devaient la composer. Nos camarades ou collègues avertis ne négligeront plus, j'en suis certain, à l'avenir, d'exiger de ceux qui se présentent comme guides la production du livret.

Le 22, à cinq heures du matin, nous partons pour la vallée de la Gordolasque, en empruntant le chemin qui franchit au Pas du Colomb, la ligne de partage des eaux de la Gordolasque et de la Vésubie.

Le sentier n'est pas très apparent ; il est même malaisé, la première fois qu'on y passe, de le suivre sans un guide. Néanmoins, disons pour ceux qui seraient désireux de tenter l'aventure, que le meilleur moyen pour atteindre le Pas du Colomb est de descendre derrière l'hôtel de la Madone comme pour se diriger vers les lacs de Prals et, après avoir franchi la Vésubie, de se diriger directement vers le défilé dont les cartes italiennes indiquent nettement la situation, en laissant toujours à gauche le torrent du Colomb. De temps en temps, des vestiges de sentier se présentent et servent ainsi de points de repère au touriste qui sait utiliser ces renseignements, souvent si vagues et toujours si précieux, que fournit à profusion le livre de la nature.

La route à suivre ne présente aucune difficulté : la pente en est raide, le versant sur lequel on s'élève étant fortement incliné. Quelques instants d'arrêt sont nécessaires. Mes jeunes amis pourraient peut-être s'en passer, mais il n'en est pas de même de leur doyen qui, lui, fait maintenant partie de la territoriale des Alpinistes.

Deux heures et demie après avoir quitté la Madone, nous atteignons le Pas du Colomb qui est une véritable échancrure dans la crête rocheuse ; une pointe aiguë de rochers, située dans la coupure même qui constitue le défilé, le rend à distance très facilement reconnaissable. Le paysage de montagnes qu'on aperçoit de ce point n'est pas très étendu ; les hauteurs voisines le dominent. Néanmoins on étudierait avec plaisir la carte en relief qui se développe sous les yeux, si un courant d'air très vif n'avertissait du danger qu'il y aurait à s'arrêter trop longtemps en cet endroit.

La descente vers la Gordolasque est encore plus rapide que la montée que nous venons d'achever.

Arrivée au bas de cette côte si raide, dans une sorte de cirque dont les neiges doivent, pendant l'hiver, combler l'enceinte, notre troupe se sépare ; les deux frères Rumpelmayer sous la conduite du guide Ciaïs se dirigent, en suivant à gauche le flanc de la montagne, vers le lac Long dont ils veulent admirer le site sauvage. Quant à moi, accompagné de Michel Nafta, je continue ma route vers la dépression qui forme, lors de la fonte des neiges, le déversoir naturel de la cuvette où nous nous trouvons.

Cet estuaire atteint, nous recommençons à descendre en suivant tant bien que mal la route que les eaux doivent prendre pour atteindre la Gordolasque et une demi-heure à peine après avoir quitté nos compagnons nous débouchons à la *Vastera de la Barma* (2160 m.) où a été précisément établi notre refuge.

Des cris de bienvenue, répercutés par l'écho de la vallée, saluent notre apparition : j'aperçois M. Musso, secrétaire de la mairie de Roquebillière et M. Colla, entrepreneur du refuge, qui nous attendent.

Après les compliments d'usage, je procède immédiatement à la visite du refuge dont la création, accueillie avec joie par la population de Belvédère, est pour notre Section un véritable titre d'orgueil.

Au-dessus de la *Vastera de la Barma*, s'élève une paroi presque verticale de rocher. C'est dans cette paroi qu'a été creusé le refuge. Extrêmement dure et compacte, la roche est de nature granitique ; les points nacrés qui s'y trouvent disséminés, en révélant la présence du mica, détermineraient sans doute un géologue à la classer comme gneiss.

Notre entrepreneur, lui, la range dans le genre « infernal » car elle a donné tant de mal à ses ouvriers qu'ils ont épuisé, pour la vouer au diable, leur vocabulaire, pourtant assez riche, d'imprécations variées.

Les outils n'ayant presqu'aucune prise sur cette roche, M. Colla a dû employer constamment la dynamite pour la creuser.

Le refuge, d'une largeur de six mètres sur quatre de profondeur et deux et demi de hauteur, se compose de deux salles séparées l'une de l'autre par un mur épais de quarante centimètres, construit à la chaux hydraulique.

Un autre mur, d'épaisseur identique et de pareille construction, forme la façade qui s'ouvre sur la vallée de la Gordolasque ; elle est percée d'une porte et d'une fenêtre en bois de mélèze recouvert de zinc galvanisé.

La porte donne accès dans la salle publique et ne sera fermée que par un verrou extérieur.

De la salle commune on passe dans la chambre réservée aux membres des Sociétés Alpines ; cette pièce reçoit par la fenêtre l'air et la lumière nécessaires, et elle est close par une porte fermant à clef. Les deux salles sont claires et gaies. Dans celle qui est destinée au public, se trouve une cheminée que la Section munira d'une marmite en fonte ; un lit de camp sera disposé au fond.

Dans la pièce réservée aux touristes, nous installerons trois couchettes de deux lits chacune. Un poêle y sera placé.

En résumé, la Section fera en sorte que notre maison soit pourvue de tout le confort désirable. Son emplacement, à dix mètres au dessus du chemin qui suit la vallée de la Gordolasque, la rend accessible aux bêtes de somme ; on voit immédiatement les avantages qui en résultent au point de vue des approvisionnements. Les sentiers du Pas du Neiglier et du Pas du Colomb viennent également s'y rencontrer.

La situation choisie est donc excellente. A six heures de Belvédère, à quatre heures du Sanctuaire de la Madone en passant par Prals et le Neiglier, à trois heures et demie en empruntant l'itinéraire du Colomb, le *Refuge de la Barma* facilite aux touristes le parcours de la haute Gordolasque et l'ascension des cimes environnantes encore si peu visitées, et au premier rang desquelles nous placerons le *Mont Clapier* (3046 m.).

Les travaux ont été exécutés avec conscience par l'entrepreneur, M. Colla. La solidité de notre maison de pierre défie les efforts des hommes et de la nature; aussi, la visite terminée, je déclarai, au nom de la Section, recevoir les travaux et je félicitai l'entrepreneur de son intelligence et de sa capacité.

Le coût du refuge, non compris les ustensiles et les meubles, s'élève à 3,000 fr. La Section des Alpes-Maritimes, qui n'a pas reçu pour cette œuvre de subvention de la Direction centrale, s'est donc imposé un lourd sacrifice. C'est aux touristes, maintenant, qu'il appartient de le reconnaître, en fréquentant nos montagnes qui renferment de si austères et si attrayantes beautés.

A ce moment, le deuxième groupe arrive du lac Long. Nos camarades ont mis trois quarts d'heure pour franchir la distance qui nous en sépare.

L'heure du déjeuner vient de sonner. Nous prenons gaiement notre repas, sans penser que quelques instants à peine nous séparent d'une véritable catastrophe.

A midi je donne aux guides l'ordre de tout préparer pour le départ, et au moment où nous allions nous éloigner dans la direction du Pas du Neiglier, je remarque l'absence du jeune Alfred Rumpelmayer.

Nos appels réitérés demeurent sans réponse. Je confie alors au guide Nafta le soin de chercher notre compagnon que nous supposions s'être trop éloigné. Au bout d'un quart d'heure, le guide revient, le visage altéré, me dit qu'il redoute fort qu'un accident ne soit arrivé et me prie d'envoyer aussi le second guide pour l'aider dans ses recherches. René Rumpelmayer, inquiet sur le compte de son frère, part avec eux. M. Musso et M. Colla s'éloignent à leur tour dans le même but. Je les suis plus lentement, une douleur rhumatismale au genou me faisant, à ce moment, beaucoup souffrir. Je remonte la vallée dans la direction du lac Long et j'aperçois au bout de quelques instants M. Colla ; à ses gestes je comprends qu'un malheur est arrivé.

Inutile de peindre l'angoisse qui me saisit alors, de tels sentiments ne se comprennent que trop.

Je poursuis péniblement ma marche et je découvre enfin, descendant vers la vallée, le groupe des guides qui s'acheminent lentement, en transportant dans leurs bras le malheureux Alfred Rumpelmayer presque inanimé, couvert de sang et portant à la tête une affreuse blessure. Notre désolation est grande. Nous sommes en plein désert, loin de tout secours. Comment transporter notre pauvre camarade? Pourra-t-il, faible et perdant tout son sang, supporter de telles fatigues!

Le désespoir de son frère fait mal à voir.

Une anxiété terrible m'étreint la gorge à la pensée de la responsabilité qui pèse sur moi. Nous tenons conseil. Rester au refuge est impossible ; il faut, à tout prix, gagner Belvédère. Nous n'avons rien pour confectionner une civière ; mais, même en aurions-nous une, qu'elle ne pourrait nous servir, soit à cause de l'étranglement du chemin, ou de sa pente rapide, ou encore de ses brusques détours.

Nous convenons enfin avec les guides, Nafta et Ciaïs, et M. Colla qu'ils transporteront tour à tour le blessé sur leur dos. Notre caravane, si gaie le matin et maintenant si triste, se met en route ; il est une heure et demie. Alors commence une lugubre marche, véritable calvaire, où le dévouement des guides et de M. Colla a été vraiment admirable.

Le poids d'un homme est déjà grand, même pour les épaules robustes d'un montagnard, et ce poids est encore augmenté par l'inertie du malheureux blessé qui s'abandonne. Seules, les secousses de la marche au milieu des pierres lui arrachent de sourds gémissements.

Lorsque Nafta est épuisé, Ciaïs le remplace et lorsque les

forces de ce dernier le trahissent, M. Colla, à son tour, le soulage en prenant son fardeau. Nous cheminons derrière eux, René Rumpelmayer et moi, portant les bagages et aidant de notre mieux à décharger et à recharger le blessé. M. Musso part en avant pour demander du secours à Belvédère et prévenir le médecin de Roquebillière, M. Matteo. Enfin, après six heures vraiment affreuses, de cette marche, nous arrivons en vue du hameau de San Grato.

Une femme portant du café dans une tasse vient au devant de nous. Nous faisons boire un peu notre pauvre ami et au bout de quelques minutes nous arrivons aux chaumières qui constituent San Grato. Un groupe de paysans, où domine l'élément féminin, nous entoure. On nous conduit dans une chaumière dont les propriétaires nous cèdent le lit, si on peut donner ce nom à une espèce de grand tiroir en bois, perché sur quatre piquets, rempli de foin, sur lequel on se hâte d'étendre un drap de toile grossière et rude.

Nous y plaçons le blessé qui, épuisé par cette journée terrible et par la perte de sang, tombe dans une sorte de prostration qu'interrompent seules, par intervalles, de douloureuses plaintes.

La pièce unique dont se compose la cahute où nous sommes est complètement enfumée ; c'est à peine si on y peut respirer. Je prie le propriétaire d'éteindre provisoirement le feu et après avoir fait prendre aux guides un repas sommaire, je les envoie, — il est neuf heures du soir et la nuit est complète — à Saint-Martin-Lantosque. Ils sont porteurs d'un billet que je rédige à la hâte sur une feuille détachée de mon carnet et destiné à rassurer nos familles dont l'anxiété, en présence de notre absence prolongée, devait être bien grande.

René Rumpelmayer et moi nous nous installons près de l'âtre où brillent encore quelques charbons. Tout autour viennent s'asseoir plusieurs femmes qui désirent veiller avec nous et nous aider dans les soins à donner au blessé. Malgré l'inquiétude qui m'oppresse, je remarque parmi elles une jeune fille de vingt ans environ, dont la fraîcheur et la délicatesse des traits attirent l'attention. C'est chose rare en montagne qu'une jolie fille. Les nécessités de la vie pastorale, les courses en forêt pour ramasser le bois mort destiné au chauffage, les pénibles labeurs des champs, l'existence passée, pendant les longs mois d'hiver, dans des chaumières où l'atmosphère est enfumée, le défaut absolu de bien-être dans la vie, tout cela tend à priver et prive réellement de bonne heure la montagnarde des Alpes des attraits qu'offre, d'ordinaire, le sexe auquel elle appartient.

Plus de fraîcheur, un visage flétri et ridé avant l'âge, une taille épaisse, des jambes ressemblant à des poteaux, des pieds larges, tels sont, le plus souvent, les attributs distinctifs et peu enviables des femmes appartenant à la partie montagneuse des Alpes-Maritimes. L'absence de toute propreté dans les vêtements ou sur la personne aggrave encore cet état d'abaissement physique dans lequel on trouve la montagnarde. Ai-je besoin d'ajouter que de bonnes et solides qualités compensent largement chez elles ces défauts purement extérieurs. Nous fûmes à même de le constater cette nuit-là : les braves femmes qui nous prêtèrent leur aide firent en effet, assaut de complaisance, j'allais dire de dévouement.

Dans les moments où nous n'avons pas de soins à donner au blessé, nous restons mornes et silencieux autour du foyer maintenant refroidi. Néanmoins, profitant d'un instant où le malade est assoupi, je demande à René Rumpelmayer quelques explications sur la catastrophe. Le pauvre garçon en était à ce moment réduit, comme moi, aux conjectures et ce ne fut que plusieurs jours après que nous eûmes, de la bouche même de la victime de l'accident, le récit de ce qui s'était passé.

En descendant le matin du lac Long à la Gordolasque, Alfred Rumpelmayer remarqua sur un rocher élevé deux saxifrages en fleurs et témoigna le désir de s'en emparer ; le guide Augustin Ciaïs lui fit remarquer que l'escalade était périlleuse et le pria formellement de ne pas la tenter.

Le jeune touriste déféra à l'observation du guide, mais le projet de prendre les saxifrages lui hantant toujours la tête, il profita de ce que nous étions, après le déjeuner, diversement occupés, pour se rendre au rocher en question, situé sur le même versant que le refuge, à vingt minutes de marche environ.

Il n'était pas possible de grimper directement sur la roche dont la hauteur au-dessus du sol pouvait atteindre dix-sept mètres. Alfred Rumpelmayer résolut de la contourner et alors, prenant sur la droite, s'aidant des pieds et des mains, s'accrochant soit aux saillies du roc, soit aux herbes rares et maigres qui s'y trouvaient plantées, le téméraire jeune homme arriva près des saxifrages désirées. Il n'avait plus qu'à étendre le bras pour les saisir.

S'accrochant alors avec la main droite à un rocher formant saillie au-dessus de sa tête, il allongea le bras gauche vers les fleurs. A ce moment, la roche qui lui servait de point d'appui céda brusquement et le malheureux vit s'affaisser sur lui cette masse énorme. Instinctivement il se jeta de côté ; le bloc passa, en le frôlant, à la droite de l'infortuné jeune homme qui, ne pouvant plus se retenir, tomba en arrière, la tête la première. A partir de cet instant, il perdit toute sensation jusqu'au moment où, revenant à lui, il se trouva étendu à terre, à plus de quinze mètres du pied de l'escarpement où avait eu lieu son effroyable chute.

Presque instinctivement, il essuya le sang qui couvrait son visage et entoura sa tête avec un mouchoir. Il la sentait très lourde et avait une grande envie de dormir. Il lutta de son mieux contre ce besoin, redoutant, en cas d'un nouvel évanouissement, de mourir abandonné avant l'arrivée des secours qui, heureusement, ne se firent point attendre.

Voilà ce que nous apprîmes quelques jours plus tard, car, pendant cette longue et douloureuse nuit de San Grato, le blessé n'était pas en état de parler.

A minuit, un orage violent éclate. Les éclairs illuminent les masses sombres des montagnes ; le grondement du tonnerre parcourt en roulant la vallée ; une pluie torrentielle s'abat sur la terre, tout enfin contribue à augmenter encore l'horreur de cette triste veillée.

L'état de notre malheureux compagnon n'empire heureusement pas. A trois heures du matin je sors de la chaumière pour examiner l'état du ciel. De gros nuages s'y traînent encore, mais la pluie et le tonnerre ont cessé ; l'amélioration est notable. J'aperçois alors, tremblotant dans la nuit, deux petites lanternes qui s'approchent assez rapidement : ce sont les hommes de secours que j'ai demandés à Belvédère qui arrivent. Ils se sont munis d'une chaise à porteurs que nous transformons en civière au moyen de foin et de bâtons ; nous y installons le pauvre blessé et nous l'enveloppons aussi bien que possible de manière à lui éviter les atteintes de la fraîcheur matinale.

A 5 heures précises, après avoir remercié chaleureusement les habitants de San Grato, je donne le signal du départ. Sans accorder aux paysages que nous traversons l'attention qu'ils méritent, nous descendons la vallée de la Gordolasque le plus rapidement possible.

A une heure de Belvédère, nous rencontrons le médecin, M. Matteo, qui vient au devant du blessé. Sa présence m'est un grand soulagement.

Dès notre arrivée à Belvédère, le jeune Rumpelmayer fut mis entre les mains de l'excellent praticien dont les soins éclairés et vigilants ont conservé un bon fils à l'affection de ses parents et un charmant camarade à ses amis du Club Alpin.

Notre Section ne l'oubliera pas. Elle n'oubliera pas davantage le dévouement admirable de l'entrepreneur M. Colla ni l'abnégation complète et constamment soutenue, digne des plus grands éloges, des guides Nafta Michel et Ciaïs Augustin (1).

---

(1) Par décision du Bureau de la Section des Alpes-Maritimes, Michel Nafta et Augustin Ciaïs ont été promus guides de première classe.

Que ces braves gens, ces hommes de cœur me permettent de leur offrir ici l'expression de mes sentiments de vive et inaltérable gratitude.

Certes, dans notre fraternelle association, on ne perd jamais le souvenir des belles et joyeuses journées passées en commun. Mais on ne perd pas davantage le souvenir des dangers encourus, des tourments endurés de même. A la vue de ces dévouements obscurs, ignorés et si grands dans leur simplicité, l'homme se retrouve et se retrempe, car il passe par un de ces moments dont Toppfer voulait parler lorsqu'il disait : «..... en ces instants, l'homme se sent devenir meil-« leur que soi... »

F. NOETINGER.

www.ingramcontent.com/pod-product-compliance
Lightning Source LLC
Chambersburg PA
CBHW071416060426
42450CB00009BA/1910

UNE EXCURSION
A SIENNE

(Extrait d'un journal de voyage)

PAR

G. GARRISSON

Publié dans la REVUE DE TARN-ET-GARONNE

MONTAUBAN
IMPRIMERIE DE J. VIDALLET, GRAND'RUE SAINT-LOUIS, 49.

1875

UNE EXCURSION A SIENNE

(Extrait d'un journal de voyage)

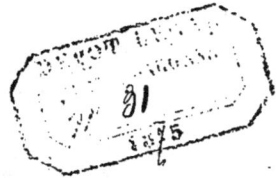

La route de Rome à Sienne ne s'est pas beaucoup améliorée depuis le temps où elle arrachait de si comiques lamentations au président de Brosses; mais si, aujourd'hui comme il y a un siècle, le corps du voyageur est toujours à la torture, cahoté de fondrière en fondrière, sur ce tracé extravagant qui tantôt escalade sur des pentes impossibles des rochers de basalte que couvre quelque bourg pouilleux, et tantôt s'enfonce dans les plaines marécageuses ou roule dans le lit capricieux des torrents; en revanche, l'esprit est toujours captivé et souvent ravi jusqu'à l'extase par la contemplation d'une nature sans pareille qui réunit le charme des solitudes à toute la magie des plus beaux souvenirs de l'histoire et de la poésie.

On ne saurait songer, après Chateaubriand et Lamartine, à essayer une description de la campagne de Rome. Nulle autre terre au monde n'a plus de tristesse et de grandeur. Le voyageur qui l'a traversée ne peut y songer sans une émotion profonde, et revoit souvent dans sa pensée ces vagues de verdure à larges sillons et à crêtes aiguës que couronnent de gigantesques débris de temples, de tombeaux et d'aqueducs, et que bordent à l'horizon ces admirables montagnes de la Sabine où le soleil tour à tour étale les plus magiques couleurs de sa palette.

Mais bornons-nous à citer en passant quelques-uns des tableaux les plus frappants de la route. A Ronciglione, on attelle à notre voiture dix chevaux sauvages de la Marenne, montés par des enfants plus sauvages qu'eux ; et cet attelage formidable escalade au triple galop, au milieu d'une tempête de cris et de jurons, les escaliers de pierre qui servent de rue à cette sombre cité. Quand on débouche au sommet de la montagne, un spectacle magique se déroule aux yeux du voyageur. Il se trouve sur la crête d'un ancien et vaste cratère, coupe gigantesque dont le fond est rempli par le petit lac de Vico, d'un azur profond et mystérieux.

Aux pieds de la montagne se creuse, par des pentes brusques, une plaine tourmentée, inculte, qui s'étend jusqu'aux pieds des Apennins, dont toute la chaine se déroule avec une incomparable majesté. L'air est si pur et si transparent, qu'on distingue les moindres détails, un arbre, une maison blanche, à des distances inouïes. A l'heure où nous les vîmes, les Apennins avaient des tons charmants de lilas et d'améthystes qui se fondaient, par les plus harmonieuses transitions, avec les teintes de pourpre du mamelon et les ombres violettes des larges vallées.

Plus loin, à Bolsène, la vue, plus restreinte, est d'un caractère plus mélancolique et plus saisissant encore. Le lac, qui a plusieurs lieues de tour, et qui porte de belles îles couvertes de tours ruinées, occupe le fond d'un cratère démesuré, dont les bords sont tapissés de prairies et de forêts. Rien ne peut rendre les tons éclatants de cette verdure humide et malsaine, qui recèle dans ses profondeurs la *malaria*, ce fléau inévitable des pays déserts.

Le lac a des aspects calmes et puissants ; ses flots, cuivrés par les reflets du soir, roulaient lourdement sur la plage avec des gémissements sourds et profonds, qui se mêlaient dans un concert d'ineffable tristesse aux murmures des bois agités par une faible brise.

Un pêcheur à demi-nu, tenant à la main un énorme poisson, fut la première créature humaine que nous eussions vue depuis plusieurs heures. Il s'acheminait vers la petite ville de Bolsène, qui hume la fièvre à l'extrémité du lac. A l'autre porte de la ville, un chasseur de formes herculéennes, les jambes enroulées dans des guêtres en peau de mouton, avec une veste couleur d'amadou et une ceinture rouge, portait sur son épaule je ne sais quel formidable tromblon, contemporain, sans doute, des invasions espagnoles. Le conducteur nous fit remarquer avec une satisfaction évidente que ce personnage à sinistre apparence rentrait en ville, au lieu d'en sortir.

Nous traversâmes à minuit, à la lueur fantastique de falots étagés de distance en distance, le torrent qui sépare les États du Pape de la Toscane. Ce torrent vagabond a plusieurs lits, et se transporte fréquemment, par des allures un peu brusques, de l'un dans l'autre. On le quitte, un soir, bien endormi dans une de ses couches de sable et de gravier, et, le lendemain matin, on le retrouve un quart de lieue plus loin, dans les vases ou sur le roc décharné. Il faut donc sans cesse le surveiller et sonder les gués, ce qui ne laisse pas que d'être assez délicat la nuit; mais le pittoresque y gagne ce que le confortable y perd.

On entre en Toscane par des montagnes de fondation basaltique que je n'ai pas vues, mais que je n'ai que trop senties aux aspérités de leurs pentes et aux brusques déchirements de leurs ravins. Les premiers rayons du jour dorent les vergers de San-Quirico, et, bientôt après, les tours de brique de la ville de Sienne apparaissent, s'enlevant avec vigueur sur un ciel d'opale irisé de vapeurs roses.

Sienne est une des villes d'Italie les plus curieuses et les moins connues; elle est trop déchue de son ancienne grandeur pour attirer la foule moutonnière des touristes. Quelques antiquaires seulement, quelques artistes, s'arrêtent pour la visiter; mais le voisinage de Rome et de Florence détourne l'attention du plus grand nombre; on est tellement impatient d'admirer la ville de Michel-Ange ou les chefs-d'œuvre de Raphaël, qu'il reste à peine le temps de donner un regard distrait à cette reine découronnée, qui a eu, elle aussi, d'illustres capitaines pour la défendre, de grands architectes, de brillants sculpteurs et des peintres puissants pour la décorer.

Sienne, d'ailleurs, a été longtemps attachée à la fortune de la France; nos rois ont, dans ses murs, lutté contre la prépotence de l'Espagne. Blaise de Montluc en a été le gouverneur. La République, qu'il avait protégée de son épée, lui donna le droit de porter dans ses armes la *louve d'or*; et ce rude capitaine de nos guerres civiles regretta toujours, nous dit-il dans ses Mémoires, « ce peuple qui s'était montré si dévotieux à sauver sa liberté. »

Plus tard, sous le premier Empire, Sienne devint le chef-lieu du département de l'Ombrone, et, de nos jours encore, par le caractère vif et gai de ses habitants, la ville toscane semble avoir conservé quelque chose de français ; on nous pardonnera donc de nous arrêter quelques instants à étudier l'histoire et le caractère de cette ville, grande encore par son passé, et qui a conservé, plus que toute autre cité italienne, la foi dans l'avenir. (1)

Sienne est bâtie sur une terrasse naturelle de collines, coupées par d'étroites vallées, qui domine une plaine riche et fertile. En arrivant de Rome, le profil de cette antique cité se développe dans toute sa majesté. Alfieri, avec sa concision énergique et pittoresque, nous dépeint : *Siena, dal colle ove torreggia e siede*. La tour gigantesque de son palais vieux s'élance dans les airs à une hauteur qui donne le vertige, dominant les flèches de ses nombreuses églises et les innombrables tourelles des maisons du moyen-âge, qui se dressaient les unes sur les autres pour dominer de plus loin la plaine et de plus haut les quartiers ennemis ; car, dans la Sienne du moyen-âge, la guerre civile était en permanence. On se battait tout l'hiver de quartier en quartier et de rue en rue sous la bannière des *Contrade*; chacun des trois partis de la ville était en guerre avec les deux autres. Seulement, quand le printemps arrivait, d'ordinaire on

---

(1) Ces pages étaient écrites avant 1870.

faisait trêve, et l'on sortait tous ensemble pour aller guerroyer avec les voisins. L'été, on poussait un peu plus loin les expéditions, tantôt vers Florence, tantôt vers Pise ou Arrezzo. Florence surtout était l'ennemie invétérée et traditionnelle. Quand l'une de ces grandes villes était guelfe, l'autre était gibeline ; les proscrits des discordes civiles réfugiés dans la cité rivale aigrissaient encore les esprits, enflammaient les haines, et chaque année voyait renaître ces luttes fratricides que Michel-Ange illustra un jour de son crayon, et que Dante a immortalisées dans un tercet de la *Divine Comédie :*

> *Lo stragio del gran scempio*
> *Che fece l'Arbia colorata in rosso.*

Mais, pour nous, l'intérêt n'est plus dans ces massacres sans raison et sans but, qui n'ont servi qu'à énerver l'Italie et à l'asservir ; et, après avoir salué la grande figure de Farinata degli Uberti et la hideuse physionomie de ce Pandolphe Petrucci que Machiavel citait comme l'idéal des usurpateurs et des tyrans, ce qui, à ses yeux et dans l'Italie des Borgia, ne devait pas être un mince éloge, hâtons-nous d'aborder les régions toujours pures et sereines de l'art. C'est là que nous trouverons les vrais titres de gloire de Sienne, et la connaissance sommaire de son passé nous aidera à mieux comprendre les grands monuments qui l'embellissent encore.

Ce qui fait la véritable grandeur de la Renaissance italienne, c'est son infinie diversité de style et de manières dans l'unité supérieure de l'imitation antique. Chaque ville a eu son école, ses maîtres, ses procédés distincts, et, contrairement à ce que l'on croit généralement, c'est surtout l'indépendance locale qui a produit ce merveilleux mouvement des esprits vers l'idéal des lettres et des arts et la pure source de l'antique, tandis que la centralisation monarchique n'a servi qu'à le comprimer et à le dissiper sans retour. Ainsi, on croit généralement que l'art toscan a dû sa splendeur à la protection des Médicis; tandis qu'il est rigoureusement avéré que, le jour où les Médicis ont régné sur la Toscane, la décadence a tout envahi, et bientôt de la Renaissance italienne il n'est plus resté que le souvenir.

Aussi, l'école de Sienne paraît indissolublement liée, comme celle de Florence, aux libertés publiques; elle était née du même souffle régénérateur, à la sortie des ténèbres du moyen-âge : elle meurt du même coup sous le niveau d'un despotisme devenu permanent et régulier. Jusque-là, les tyrans n'étaient qu'un accident, un fléau passager; mais Côme Ier de Médicis, premier grand-duc de Toscane, sut rendre l'usurpation héréditaire et perpétuelle... du moins jusqu'à nos jours.

Sienne dispute à bon droit à Florence et à Pise la priorité de date dans l'histoire de la peinture. La *Madone de San-Dominico* a été peinte en 1221 par Guido de Sienne, ainsi que cela résulte de documents très authentiques conservés aux archives locales; elle est donc antérieure de vingt ans à Cimabue. Quoi qu'il en soit, dans ses débuts timides et gracieux, l'école de Sienne ne se distingua guère de celle de Florence. Ducio de Buoninsegna, le Berna, et surtout ce Simon Memini immortalisé par les vers de Pétrarque, ont peint sur fond d'or des figures d'une beauté angélique et toute immatérielle, enveloppées d'une vague lumière bleue; le temps a prêté aux créations de ces maîtres une ineffable harmonie de teintes, qui les fait ressembler, au fond des sanctuaires, à de célestes visions entrevues dans le demi-jour des rêves :

> *Ma certo, il mio Simon fu in paradiso,*
> *L'opra fu ben di quelle che nel cielo,*
> *Si ponno imaginar, non qui fra noi*
> *Ove le membra fanno al l'alma velo.*

Mais la véritable grandeur de l'école de Sienne date de la fin du xvᵉ siècle et des premières années du xviᵉ; c'est alors que surgirent à la fois trois grandes et curieuses figures, que nous allons successivement étudier : le Razzi, le Beccafumi et Baldassare Peruzzi.

Il y avait à Sienne, à la fin du XVe siècle, un citoyen éclairé et libéral appelé Lorenzo Beccafumi. Un jour, comme il visitait un de ses domaines, aux portes de la ville, il aperçut un tout petit enfant, fils de son laboureur Pacio, qui, assis au bord du ruisseau de la Tressa, dessinait avec un bâton pointu, dans le sable de la grève, des figures d'hommes et d'animaux. Le maître observa longtemps, sans se montrer, l'ouvrage du jeune pâtre, et, surpris de ses précoces et heureuses dispositions, il appela le père et lui dit qu'il se chargeait de l'avenir de son enfant. Il amena donc avec lui le petit Mecherino, l'attacha au service de sa maison, mais l'envoya en même temps suivre des cours de peinture dans l'atelier du plus habile peintre siennois. Les progrès de l'enfant furent rapides, prodigieux ; à quelque temps de là, le Perugin étant venu à Sienne, Mecherino, devenu un jeune homme, fut introduit auprès de lui, étudia sa manière, et reproduisit quelques-uns de ses tableaux avec une surprenante habileté.

Le vieux Beccafumi, fier de son élève, non-seulement lui permit de quitter la livrée, mais, complétant son adoption, lui donna son nom, qui, sans doute, était honorablement connu à Sienne, et que le Mecherino devait rendre immortel. N'ayant plus rien à apprendre à Sienne, Beccafumi (c'est désormais sous ce nom que l'histoire le désigne) entreprit le pèlerinage de Rome au temps où Raphaël et Michel-Ange, ces deux immortels rivaux, peuplaient de chefs-d'œuvre les voûtes du Vatican. Le jeune artiste siennois s'absorba tout entier dans l'étude de ces grands maîtres et la contemplation des détails de l'art antique. Il ne paraît, durant cette période de deux années, avoir produit aucun ouvrage original ; Vasari cite seulement la décoration d'une façade du Borgo, cette étroite avenue de Saint-Pierre et du Vatican.

Tout à coup, Beccafumi apprit qu'il venait d'arriver à Sienne un jeune peintre dont les originales et rapides créations ravissaient d'enthousiasme ses concitoyens. Il se nommait Giovan-Antonio Razzi, mais l'histoire le connaît sous un autre nom, qui souillerait ces pages, et dont toute la magie de son talent ne saurait effacer l'infamie.

Le Razzi était venu à Sienne amené par un patricien de la famille Spannochi ; il avait d'abord fait quelques portraits, puis peint des toiles pour les églises ; maintenant, il décorait les façades entières des palais. Sa verve était inépuisable, son imagination splendide, son coloris d'un éclat et d'un charme sans pareils. Rien de plus gai que son humeur, de plus enjoué que sa parole, de plus bizarre que sa vie. Sa maison était pleine d'animaux étranges et presque fabuleux apprivoisés par lui ; les uns venaient de l'Inde, d'autres de l'Afrique, au delà des limites du monde connu. Un corbeau, qui contrefaisait à s'y méprendre la voix de son patron, était le maître des cérémonies de cette ménagerie fantastique. Ajoutez à cela des chevaux d'une vitesse et d'une énergie incroyables qui gagnaient tous les prix dans les courses, si fréquentes alors dans les villes d'Italie, si bien qu'un jour Razzi pavoisa toute la façade de sa maison des petits drapeaux ou palmes qu'on distribuait aux lauréats de ces solennités hippiques. La chronique mentionne entre autres un cheval barbe, d'allure vraiment fabuleuse, que le Razzi montait avec une aisance parfaite, ayant toujours un singe en croupe.

A mesure que le succès du peintre grandissait, son luxe grandissait aussi. Il ne paraissait dans les rues de Sienne que superbement vêtu de brocard ou de drap d'or, étincelant de broderies et de joyaux, le cou paré de colliers somptueux. Tout un cortége de parasites et de courtisans se pressait sur ses pas. Les bonnes gens l'appelaient le Mattaccio. Heureux s'il n'avait eu que ce surnom !

Quant à son talent, il était très réel et très brillant. Il semblait improviser avec la plus adorable négligence les plus vastes compositions; mais, au fond, il s'appuyait sur une science du dessin puisée aux leçons des grands maîtres, et très probablement de Léonard lui-même.

Son coloris, nous l'avons déjà dit, brillait d'un prodigieux éclat, et ses fresques de la Farnésine (*Alexandre* et la *Famille de Darius*) brillent encore, dans leur harmonieuse splendeur, malgré le terrible voisinage de Raphaël lui-même.

La nature, qui l'avait traité en enfant gâté, lui donna un don qui peut tout remplacer et que rien ne remplace : le charme. Aussi, Vasari, qui le déteste et qui, cédant à la trop légitime indignation qu'inspire une vie de honteuse débauche, cherche à rabaisser le talent au niveau du caractère, Vasari est-il forcé, comme malgré lui, d'appliquer à quelques-unes de ses œuvres l'épithète de divines.

Sans doute, Razzi a souvent gâché son talent dans des entreprises exécutées à la hâte ; il a, dans un temps où la passion de l'art était sérieuse et austère, fait du culte un métier et de la mission une industrie. Sa vie n'a eu qu'un but, le plus triste de tous : jouir. C'est une figure déplacée dans ce grand XVIe siècle où tout est sérieux, même le crime ; il était digne de naître au temps de Watteau et de Boucher, ou même un peu plus tard. Mais, malgré ces taches, il fut un grand peintre, et, à part Raphaël, Michel-Ange et Léonard, nous n'en savons pas un qui ait rien fait d'aussi beau que l'*Evanouissement de sainte Catherine* à San Domenico de Sienne, et la *Famille de Darius* à la Farnésine de Rome.

Tel était le rival avec lequel allait lutter l'austère et consciencieux Beccafumi. Nous ne connaissons pas, dans l'histoire de l'art, de page plus intéressante que cette rivalité de deux génies si divers, de deux caractères si opposés. D'un côté, avec Razzi, toute la magie du premier jet, de l'improvisation, tout le charme du coloris, la fougue d'une imagination brillante, la souplesse d'un esprit cultivé ; de l'autre, avec Beccafumi, la science sérieuse, un peu froide, l'effort constant, mais bien dirigé, l'énergie soutenue que rien ne lasse, le sentiment profond du devoir, le culte de l'idéal.

Les deux rivaux, s'étreignant pour ainsi dire corps à corps, luttèrent tour à tour dans toutes les branches de leur art. Quand l'un d'eux décorait une façade de palais, l'autre dressait ses échafauds dans la maison voisine ; quand celui-ci peignait une chapelle à San-Augustino, celui-là improvisait une œuvre rivale à San-Domenico. Un jour, c'étaient deux confréries qui excitaient encore cette incessante rivalité dans la peinture de ces belles bannières qu'on conserve encore avec orgueil pour les solennités religieuses et les fêtes populaires.

Sienne se couvrit de peintures. Tous les palais eurent des fresques de l'un ou de l'autre maître ; tous les citoyens un peu connus eurent leur portrait. Ils peignirent même en concurrence les civières à porter les morts, et celle que le Razzi exécuta pour la confrérie *della Morte* est, d'après Vasari, non-seulement la plus belle qui soit à Sienne, mais encore la plus belle que l'on puisse rencontrer au monde.

Beccafumi, il faut en convenir, fut un peu inférieur à son rival dans cette lutte pittoresque ; mais, bien loin de s'avouer vaincu, il poursuivit la victoire dans des voies nouvelles, et parvint à la fixer. Il devint successivement, comme tous les prodigieux artistes de ce siècle, sculpteur, graveur sur bois et sur cuivre au burin et à l'eauforte ; il s'adonna à la fonte, et exécuta six anges de bronze pour le maître-autel du Duomo de Sienne ; il chercha à substituer la peinture à la détrempe à la peinture à l'huile, et enfin il s'adonna à la mosaïque et couronna sa vie par cette œuvre sans rivale, le pavé de la cathédrale de Sienne, qui a suffi pour immortaliser son nom.

L'œuvre immense de Beccafumi est exécutée au *sgraffito*, c'est-à-dire à la manière égratignée, avec des marbres blancs et gris. Le trait creusé qui dessine les figures est enduit de noir ; quelques veines rosées, distribuées avec une habileté suprême, figurent les chairs. Avec des moyens aussi simples, Beccafumi a réalisé sur le pavé de la cathédrale une suite de sujets bibliques d'une pureté de dessin, d'une science de composition, et, le dirons nous, d'une beauté de coloris véritablement merveilleuses. La figure d'Ève est renommée dans toute l'Italie comme une des créations du génie humain qui se rapprochent le plus de la beauté idéale ; la scène de *Moïse frappant le rocher* est un chef-d'œuvre inimitable.

La trinité artistique de Sienne est complétée par Baldassare Peruzzi, peintre et architecte siennois, figure d'une austérité et d'une pureté idéales, dont Vasari a décrit avec un attendrissement bien rare chez lui la grande et douloureuse existence.

Peintre éminent à en juger par l'admirable tableau qui décore l'église de Fonte-Giusta (*Auguste et la Sibylle*). Décorateur sans rival, au dire de tous ses contemporains ; architecte inspiré, Peruzzi fut toujours malheureux, repoussé, méconnu. La haine s'attacha à tous ses pas ; la misère atteignit sa famille et fit avorter toutes ses espérances. « Il vit ses enfants et sa femme souffrir la faim, et cepen-
« dant, au milieu de tant de traverses, dit Vasari, sa modestie et sa
« bonté témoignaient qu'il jouissait du calme souverain après lequel
« soupirent tous les mortels ici-bas. Dans les ouvrages qu'il nous a
« laissés, on reconnaît l'inspiration de cette vraie vertu qu'il avait reçue
« du Ciel. »

Peruzzi quitta de bonne heure Sienne pour Rome, où il passa la plus grande partie de sa vie. Il était doué d'une telle intelligence, que ses ouvrages d'architecture semblent défier toute rivalité. Il joignait, en effet, l'imagination la plus riche et l'esprit le plus ingénieux à la science la plus profonde ; mais son caractère était si digne et si fier qu'il ne sut jamais se plier aux intrigues et aux manéges nécessaires pour réussir auprès des grands seigneurs de ce temps et de tous les temps. D'indignes rivaux le supplantaient sans cesse pour tous les grands ouvrages qu'il devait entreprendre, et comme il n'osait jamais réclamer le prix de ses travaux, il souffrait souvent les plus cruelles privations.

Ce fut lui qui, le premier, inventa les décorations de théâtre, avec une puissance d'effet qu'on n'a jamais égalée depuis. Les critiques contemporains parlent avec enthousiasme de deux toiles immenses qu'il peignit pour la représentation de la *Calandre*, cette comédie du cardinal Bibiena, jouée devant Léon X. L'illusion, disent-ils, en était magique. L'adorable palais de la *Farnésine*, qui renferme les fresques de Raphaël, celles de Razzi, et la tête merveilleuse dessinée au charbon par Michel-Ange, fut édifié par Peruzzi. Ce palais, construit par l'architecte siennois pour un banquier, son compatriote, Agostino Chigi, dont la famille, aujourd'hui princière, a donné des papes à l'Église, était, selon Vasari, d'une grâce et d'une élégance si parfaite, qu'on le croyait créé par la main de Dieu et non par celle d'un homme. Dans l'intérieur du même édifice, Baldassare exécuta des ornements en perspective avec une telle habileté, que le Titien, qui certes avait de bons yeux, se refusa absolument à croire qu'ils ne fussent pas en relief, et dut, pour vérifier ses doutes, les toucher de sa main. Nous ne saurions ici décrire toutes les créations de Peruzzi, qu'il suffise de citer le palais Massimi, qui passe pour son chef-d'œuvre.

Quand les bandes du connétable de Bourbon saccagèrent Rome, Peruzzi fut pris, à son grand air et à sa noble figure, pour un puissant personnage ; il fut arrêté, dévalisé, se sauva demi-nu, fit encore naufrage, et ne parvint qu'à grand peine à se réfugier dans sa ville natale, qu'il s'occupa sur-le-champ à embellir et à décorer. Ce fut alors qu'il éleva le magnifique maître-autel du Dôme, qu'il peignit le tableau de Fonte-Giusta, et qu'il donna les dessins de plusieurs églises et de quelques palais.

Ici se place un épisode historique qui prouve une fois de plus la grandeur de caractère de ce noble et malheureux génie. Quand Clément VII fit le siége de Florence, fortifiée et défendue par Michel-Ange, il fit demander à Peruzzi, qui réunissait à tous ses talents celui d'ingénieur, comme Léonard et le Buonarotti, de venir diriger les travaux du siége. Mais oubliant les vieilles rivalités de

Sienne et Florence, Peruzzi refusa de servir d'instrument à l'asservissement de cette glorieuse cité qui a donné au monde tant et de si rares génies. Il perdit la faveur du pape, et ce ne fut que longtemps après qu'il put retourner à Rome, où l'appelaient d'importants travaux.

La haine de ses rivaux l'y suivit toujours plus implacable, et au moment où le pape, lui rendant enfin justice, l'appelait à diriger les travaux du Vatican, ses ennemis, jaloux de sa modique pension, ou plutôt de sa gloire, l'empoisonnèrent, si l'on en croit les écrits contemporains.

Sa mort fut calme et résignée au milieu des larmes de sa famille et de ses amis. Tous les artistes de Rome voulurent faire les frais de ses funérailles, et obtinrent du pape que ses cendres reposassent à côté de celles de Raphaël, dans l'enceinte du Panthéon d'Agrippa. La gloire qui avait manqué à sa vie s'assit ainsi sur son tombeau.

Beccafumi, son contemporain, lui survécut de longues années et s'éteignit à Sienne, chargé d'ans et de gloire. Il repose dans cette cathédrale où son génie a enfanté tant de chefs-d'œuvre. La fin de Razzi fut bien différente ; après une longue vie de débauche, pauvre et abandonné de tous, il vint mourir à l'hôpital de Sienne, et son corps fut jeté sans honneur dans la fosse commune.

Telle fut la fin de ces trois grands génies nés pour ainsi dire à la même heure, et qui résument en eux dans toute sa splendeur l'école de Sienne.

Les monuments de Sienne sont nombreux et intéressants, mais deux surtout laissent dans le souvenir une empreinte ineffaçable, le Palais et le Dôme.

Le Palais n'est par lui-même qu'une masse plus imposante que belle, aussi doit-il sa juste réputation à tout ce qui l'entoure, la Tour et la Place. La Tour, nous l'avons dit, est d'une hauteur à donner le vertige ; sa forme svelte et le beau ton de ses briques exetaient l'admiration du grand Léonard. Le Palais est orné de peintures à demi-effacées, qui retracent divers épisodes de l'histoire locale ; on y conserve les archives, depuis les temps les plus reculés, dans de précieux volumes nommés kalessi, ornés de curieuses miniatures. Sous l'empire, les kalessi avaient été transportés à Paris.

La Piazza del Campo, immense, montueuse, est le centre de la ville ; c'est le marché et le forum. Toutes les rues tortueuses de Sienne, véritables escaliers pavés de briques mises de champ, dirigent vers ce centre unique leur écheveau embrouillé. Là, ont lieu les foires, les courses de chevaux, les fêtes populaires, les émeutes ; elle semble même faite exprès pour cette dernière destination. Elle a, dit-on, la forme d'une coquille. Le président de Brosses la comparait assez spirituellement à une tasse à boire. Une magnifique fontaine décore le milieu de cette place, et fournit assez d'eau pour permettre de l'inonder dans les jours de fête publique. On s'y promène alors en bâteau, on y donne des joutes nautiques. Les habitants appellent avec juste raison cette fontaine Fonte-Gaia. C'est le chef-d'œuvre de Jacopo della Quercia, grand sculpteur siennois, contemporain et rival de Donatello et de Ghiberti. Jacopo consacra douze ans à sculpter les figures de marbre qui la décorent, et son œuvre fut jugée si belle, qu'il en reçut le nom à titre d'honneur, et fut appelé, dès lors, par les Siennois, Jacopo della Fonte. C'est que l'on sent bien, dans ces intelligentes cités italiennes, qu'avoir de l'eau c'est le premier besoin de la vie publique. L'eau, c'est la salubrité, c'est la gaîté, c'est la parure des villes. Des conduits souterrains dont quelques-uns datent des Romains, de gigantesques siphons creusés sous le sol, portent aux quartiers les plus escarpés de la ville l'eau des montagnes voisines. Les jardins qui entourent Sienne de leur large ceinture semblent traduire en verts ombrages, en frais murmures, en doux parfums, la reconnaissance de la postérité pour le vieux Jacques della Fonte. Les Siennois

montrent encore avec orgueil la fontaine de Branda, ouvrage du
XII° siècle, dont Alfieri disait :

> *Fonte Branda mi trae meglio la sete,*
> *Parmi, che ogni acqua di città latina.*

C'est encore aujourd'hui, sur la Piezza del Campo, que se rassemble la population un peu diminuée de Sienne. On trouve là des types charmants de jeunes femmes, dont les figures brunes et rieuses brillent d'un éclat singulier dans le doux clair-obscur projeté par leurs larges chapeaux de paille. C'est ici que se tressent les pailles les plus fines de l'Italie, et quand on escalade les rues étroites et fraîches de la vieille cité, de bruyants éclats de rire signalent de loin en loin au voyageur l'emplacement des nombreux ateliers de jeunes filles occupées à cette charmante industrie.

Le Duomo occupe le point culminant de la ville ; le premier coup d'œil de la façade est un éblouissement. Comme la cathédrale de Florence, celle de Sienne est bâtie par assises alternées de marbre blanc et noir. La façade, élevée en 1322 par Jean de Pise, est d'une extrême richesse de décoration. Tout ce que la peinture murale, la mosaïque, l'émail et la sculpture peuvent offrir d'éclatantes couleurs, de fines broderies, de caprices charmants, a été mis en œuvre pour décorer l'extérieur de cet édifice célèbre. Les trois grandes portes appartiennent encore au style byzantin, épuré et rajeuni par le génie de l'architecte, mais les parties supérieures, terminées en flèches élancées, participent déjà de la svelte hardiesse du style gothique. On remarque, parmi les nombreuses sculptures de cette façade, des anges et des prophètes d'une grande tournure, dus à Jacopo della Quercia. Au-dessous du splendide vitrail circulaire de Pastorino, de grandes figures d'albâtre en relief ajoutent encore à l'harmonieuse richesse de l'ensemble. Mais si riche que soit l'extérieur, l'intérieur offre encore de bien plus grandes magnificences. Les nefs, revêtues de marbre blanc et noir, sont soutenues par des colonnes des marbres les plus précieux. La voûte est d'azur à étoiles d'or. La chaire de Nicolas, père de Jean de Pise, est un des plus précieux monuments de l'histoire de l'art. Les bas-reliefs qui la décorent, surtout celui du Jugement dernier, sont d'une beauté presque idéale. Cette chaire date de 1226. Le maître-autel est de Peruzzi, les ciselures sur bois de Bartolino de Sienne; des deux bénitiers, l'un est l'ouvrage de Jacopo della Quercia ou della Fonte, l'autre n'est autre chose qu'un candélabre antique, couvert de figurines ravissantes des dieux de la fable. Naguère encore, on admirait aussi dans l'église le groupe païen des trois Grâces trouvées au xiiie siècle, dans les fondations de l'église. Qu'il suffise de dire pour leur éloge que Raphaël les admirait et s'en inspira, et que Canova les a copiées. Nous les croyons aujourd'hui transportées dans la bibliothèque. Le tombeau de Bandino-Bandini est attribué, non sans raison, à la jeunesse de Michel-Ange. Au dessous du chœur est l'ancien baptistère; les fonts baptismaux sont ornés de bas-reliefs des quatre plus grands sculpteurs de l'Italie avant Michel-Ange : Donatello, Ghiberti, Jacopo della Quercia et le Pollayuolo.

Mais l'attention se lasse à contempler tant de merveilles; hâtons-nous d'entrer dans la sacristie, appelée la Libreria, où se trouvent les fresques admirables que le Pinturicchio exécuta vers 1503 sur les dessins de Raphaël. Quand le divin Sanzio composa les cartons qui sont conservés à Florence et à Pérouse, il n'avait que vingt ans, aussi y retrouve-t-on surtout le charme exquis et l'inimitable candeur de sa première manière. Ces fresques représentent la vie d'Eneas Piccolomini de Sienne, devenu pape sous le nom de Pie II. Par une étrange fantaisie, qui sent encore le voisinage de l'école bysantine, le peintre a relevé d'or en relief les habillements et les armures. Le coloris est encore d'une vivacité singulière; il y a dans cette œuvre à la fois simple et compliquée comme un parfum printanier, plein de séve et d'espérance!

Il est probable que Raphaël lui-même a exécuté une de ses fresques, celle où l'on voit une marine avec de grandes figures à cheval sur le rivage. On montre dans la même sacristie des antiphonaires ornés de miniatures d'une exécution prodigieuse par la pureté fine du dessin et l'éclat métallique du coloris ; c'est l'œuvre de plusieurs générations de moines, parmi lesquels on a conservé le nom de Fra Gabriele Mattei de Sienne. Je ne sais d'après quelle autorité, de Brosse les attribue à Don Giulio Clovio.

Enfin, la dernière merveille de l'église, la plus complète, la plus rare, la merveille unique, c'est le pavé de Beccafumi. Un plancher de bois mobile recouvre la mosaïque, ou plutôt la nielle du célèbre artiste siennois. Nous dûmes à un heureux hasard, qui se présentait sous la figure d'une charmante Anglaise, accompagnée d'un lord très-roide, très-riche, et très-absolu dans ses volontés, nous dûmes donc à cette intervention dorée de pouvoir contempler successivement toutes les parties de cet immense travail. Les *custodi*, pour augmenter le chiffre des pourboires, inventaient à chaque panneau de nouvelles objections et de prétendues impossibilités, qu'une pièce d'argent nouvelle faisait bien vite évanouir. La jeune dame voulait surtout voir *the little dog*, *il cagnolino*; il fallut payer cher pour obtenir cette faveur. Il s'agissait d'un détail d'une naïveté charmante que renferme la grande composition de *Moïse frappant le rocher*. Parmi le groupe d'Israélites qui se précipite pour boire l'eau miraculeuse, Beccafumi a mis un jeune enfant qui, tenant dans ses bras un petit chien, lui plonge le museau dans le ruisseau limpide, malgré la résistance obstinée du *cagnolino*, peu sensible au miracle. Cet enfantillage est rendu avec la plus adorable franchise ; l'Anglaise s'arrêta longtemps à le regarder ; je ne sais quel souvenir vint tout à coup humecter sa paupière, mais je vis une larme rouler comme un pur diamant sur le marbre blanc veiné de rose.

Cette modeste église contient un des plus glorieux trophées du genre humain, le glaive et le bouclier de bois que portait Christophe Colomb le jour où il mit le pied sur le sol du Nouveau-Monde pour en prendre possession au nom de la civilisation chrétienne et que le grand navigateur offrit à la madone bysantine de Fonte-Giusta,

On a cru, tant la juxtaposition des plaques de marbre de couleurs diverses est parfaite, que les demi-teintes et les ombres avaient été obtenues par la coloration chimique du marbre blanc, c'était même là l'opinion formelle du savant Marietti ; cependant, un examen attentif permet aujourd'hui de découvrir les jointures. Ce n'est que plus tard, au viie siècle, au moment de la pleine décadence, que le secret de la coloration partielle des marbres fut découvert par un certain chevalier Vanni, qui s'intitula modestement, dans ses lettres, le Raphaël de la Mosaïque.

Mais il est temps de quitter le Dôme, où bien des œuvres d'art signées de Peruzzi, de Carle Maratta, de Bernini, appelleraient encore un examen sérieux, et d'aller rapidement saluer la sibylle de Peruzzi à Fonte-Giusta. Le sévère Lanzi l'appelle à juste titre une figure sublime, que le Guerchin et Raphaël lui-même n'ont point dépassée. Près de la porte Camullia, dont Alfieri aimait tant la poussière,

Di Camullia mi gode il polvorone,

(et nous devons ajouter que le sombre poëte devait être servi à souhait), près de la porte de Camullia qui conduit à Florence, Bald-Peruzzi a élevé la charmante église de la Conccezzione, dont la nef est soutenue par des colonnes antiques de marbre cipollin.

La superbe et vaste église ogivale de San-Dominico renferme un chef-d'œuvre de Razzi, l'*Evanouissement de Catherine de Sienne*. L'Ecole raphaëlesque n'a rien produit de plus ravissant, de plus idéalement beau que cette peinture Dans la même église, on attribue à Michel-Ange les deux anges du tabernacle. Il faut bien convenir aujourd'hui, malgré toute la sympathie qu'inspire la noble et austère figure de Beccafumi, que ses tableaux et ses fresques ne peuvent pas supporter la comparaison avec les œuvres brillantes de son rival. Il y a, dans sa peinture, trop de sécheresse et d'efforts, et dans cette cité, qui s'enorgueillit avec raison de la beauté de ses femmes, le Beccafumi a rarement reproduit sur ses toiles les types charmants et gracieux qui abondent dans sa célèbre mosaïque.

Nous regrettons de n'avoir pu donner qu'un coup d'œil trop rapide au musée de la ville (*Istituto degli belli arti*), où une administration intelligente a pris soin de rassembler tous les ouvrages des artistes siennois qu'il a été possible de recueillir. Un classement intelligent permet d'y suivre les développements de l'Ecole siennoise depuis Guido de Sienne, au xiiie siècle, jusqu'à Salimbeni et Manetti, qui tinrent encore avec honneur le dépôt des pures traditions au milieu des envahissements de la décadence. Plût à Dieu que toutes les villes prissent le même soin à recueillir les œuvres de leurs enfants ; on réunirait ainsi de précieux documents pour l'histoire de l'art, et, en rendant un juste hommage aux gloires du passé, on assurerait les progrès de l'avenir. Le caractère local est précieux à observer dans la peinture et dans tous les arts ; c'est dans le milieu où ils ont vécu qu'il faut apprécier les maîtres. C'est ainsi qu'il faut aller à Parme pour étudier le Corrège, à Florence pour comprendre Michel-Ange, à Sienne pour connaître Razzi et Beccafumi.

En quittant les murs de Sienne nous ne saurions refuser un souvenir à ceux de ses enfants qui, nourris de sa sève généreuse, ont joué des rôles illustres sur la scène du monde. Les Bonghi, les Piccolomini, les Ranucci, les Chigi, les Bandinelli, ont porté sept fois la tiare, les Zadondari ont donné un grand maître à l'ordre de Malte. Sainte Catherine, fille d'un teinturier de Sienne, eut, dit-on, le pouvoir de décider le pape à quitter Avignon pour rentrer à Rome ; elle a dicté des lettres qu'on cite parmi les monuments remarquables de la renaissance italienne. Enfin les deux Socins, Lelius et Fausto, ont donné leur nom à une secte religieuse fondée par eux sur la terre d'exil, qui eut, en Pologne et en Hongrie, de profondes racines, et se rattache d'assez près au mouvement religieux actuel de l'Allemagne.

Nous ne saurions oublier de mentionner ici que Sienne possède une Académie fort ancienne et assez célèbre en Italie. Ses membres ont pris spirituellement le surnom *delli Intronati*, ce qui, en français, se traduit assez bien par imbécilles, hébétés ; mais pour donner un éclatant démenti à ce sobriquet volontaire, ils ont rassemblé une bibliothèque de cinquante mille volumes et plus de cinq mille manuscrits. On y remarque, dormant côte à côte, sur les mêmes rayons, des lettres de sainte Catherine de Sienne et de l'hérésiarque Socin ; et ce qui vaut mieux, à notre gré, plusieurs livres de dessins de Peruzzi et du célèbre architecte San Gallo.

Ce qui distingue par-dessus tout les cités italiennes, c'est qu'elles sont d'immenses musées ; chaque place, chaque rue, chaque palais peut offrir à l'artiste une étude, au poëte un souvenir. A Sienne, les façades des vieilles maisons de la noblesse et du haut commerce conservent encore avec orgueil les peintures de Razzi et de Beccafumi. A la maison Bambocini, on admire à la fois la Vierge et le Christ mort de Razzi, et une madone de Peruzzi ; à la porte San-Vieri, une Nativité, de Razzi ; à la porte Romana, le couronnement de la Vierge, de Lorenzetti. Ainsi, les habitants privilégiés de ces belles cités toscanes peuvent, à toute heure, jouir des merveilles de l'art. Tout concourt à développer en eux le sentiment du beau, et tandis que, dans nos villes de province, les monuments, les tableaux et les statues sont trop souvent au-dessous du médiocre, Sienne, comme Pise et Florence, ses rivales, peut étaler avec orgueil sur ses murailles les chefs-d'œuvre du peintre, du sculpteur et de l'architecte.

Telle est Sienne, la plus française des villes d'Italie par le climat et le génie de ses habitants. Pourquoi n'ajouterions-nous pas, en finissant, que l'aspect de ses maisons de brique, à toits plats de tuile rouge, et les molles ondulations des collines qui l'environnent, nous ont rappelé les paysages et les fabriques de la contrée que nous habitons ? Plus d'un quartier de Sienne ressemble à s'y méprendre aux ruelles et aux fossés du vieux Montauban. L'illusion ne cesse que lorsque l'œil, attendri par de si doux souvenirs, rencontre le Dôme superbe ou la tour colossale du Palais.

Puisse cette description trop longue et pourtant bien incomplète offrir quelques traces de l'intérêt que la ville de Sienne inspire à ses visiteurs !

Depuis que ces notes ont été écrites, on a publié sur Sienne des travaux importants au point de vue historique et artistique. Récemment encore, un de nos meilleurs auteurs dramatiques, M. Victorien Sardou, a ressuscité, dans son beau drame de la *Haine*, la Sienne du moyen-âge, au temps des Guelfes et des Gibelins. Nous devons nous excuser de venir, après tant de voix plus autorisées, parler de cette ville célèbre. Notre récit ne peut avoir d'autre titre à l'indulgence du lecteur que la sincérité de l'impression et l'absence de tout parti pris.

1er juin 1860.

www.ingramcontent.com/pod-product-compliance
Lightning Source LLC
Chambersburg PA
CBHW071416060426
42450CB00009BA/1911